我要做個好學生

新雅文化事業有限公司
www.sunya.com.hk

小跳豆
幼兒好行為情境故事系列

跟着跳跳豆和糖糖豆一起培養好行為！

培養孩子的各種生活技能和好成績，固然重要，但也不要忽略品格培育。其實一個人成功與否，與他的品格好壞有莫大的關係。

《小跳豆幼兒好行為情境故事系列》共 6 冊，針對 3-7 歲孩子常犯的毛病或需要關注的地方，分為六個不同的範疇，包括做個好孩子、做個好學生、做個好公民、注意安全、有禮貌和有同理心，透過跳跳豆、糖糖豆以及一眾豆豆好友的經歷，教導孩子在不同的處境中，學習正確的態度和行為，並引入選擇題的方式，鼓勵孩子判斷什麼是正確，什麼是不正確。

書末設有「親子說一說」和「教養小貼士」的欄目，給家長一些小提示和教育孩子的方向，幫助家長在跟孩子進行親子閱讀時，一起討論他們所選擇的結果，讓孩子明白箇中道理。「我的好行為」的欄目，讓孩子檢視自己有什麼好行為，鼓勵孩子自省並保持良好行為，長大後成為一個守規矩、負責任、有禮貌、能獨立思考、真正成功的人。

以互動方式提升孩子的判斷力，養成好行為！

本系列屬「新雅點讀樂園」產品之一，若配備新雅點讀筆，爸媽和孩子可以使用全書的點讀功能，孩子可以先點選情境故事的內容，聆聽什麼是正確的行為，然後判斷該怎樣做，選出合適的答案。透過互動遊戲的方式，讓孩子邊聽邊學邊玩，同時提升孩子的判斷力，養成良好的行為。

「新雅點讀樂園」產品包括語文學習類、親子故事和知識類等圖書，種類豐富，旨在透過聲音和互動功能帶動孩子學習，提升他們的學習動機與趣味！

想了解更多新雅的點讀產品，請瀏覽新雅網頁(www.sunya.com.hk)或掃描右邊的QR code進入 新雅・點讀樂園 。

如何使用新雅點讀筆閱讀故事？

1. 下載本故事系列的點讀筆檔案

1 瀏覽新雅網頁(www.sunya.com.hk) 或掃描右邊的QR code 進入 新雅・點讀樂園 。

2 點選 下載點讀筆檔案 ▶ 。

3 依照下載區的步驟說明，點選及下載《小跳豆幼兒好行為情境故事系列》的點讀筆檔案至電腦，並複製至新雅點讀筆的「BOOKS」資料夾內。

2. 啟動點讀功能

開啟點讀筆後，請點選封面右上角的 新雅・點讀樂園 圖示，然後便可翻開書本，點選書本上的故事文字或圖畫，點讀筆便會播放相應的內容。

3. 選擇語言

如想切換播放語言，請點選內頁右上角的 粵/書 粵/口 普 圖示，當再次點選內頁時，點讀筆便會使用所選的語言播放點選的內容。

如何運用點讀筆進行互動學習

點選語言圖示，可切換至粵語、口語或普通話

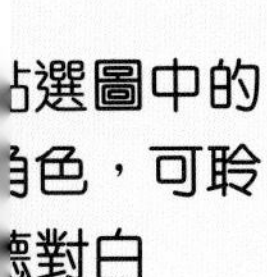

點選圖中的角色，可聆聽對白

書/書　粵/口　普

不要在課堂上講話

課室是老師教書、學生聽課的地方，所以上課時我們要遵守紀律。在課堂上隨便講話，不但會影響到班上同學的學習，而且也是很不禮貌的行為。

今天，在上課的時候，胖胖豆拍拍跳跳豆的肩膀，說很想跟跳跳豆分享一件開心的事情。接下來，跳跳豆該怎樣做才是正確的呢？

11

1 先點選情境文字的頁面，聆聽什麼是正確的行為和理解所發生的事情

2 翻至下一頁，你可先點選頁面，聆聽選擇A和選擇B的內容

小朋友，請你閱讀以下選項，然後在右頁選出正確答案：　我的選擇是：Ⓐ Ⓑ　書/書　粵/口　普

選擇 A

跳跳豆知道上課時要專心，所以向胖胖豆說：「我們現在要專心上課，下課後我們再談吧。」

12

選擇 B

跳跳豆好奇地問胖胖豆：「什麼事？說來聽聽吧！」胖胖豆說：「我今天帶了美味的茶點啊……」

13

3 最後作出你的選擇！點選 Ⓐ 或 Ⓑ，然後聽一聽你是否選對了

每冊書末同時設有「親子說一說」欄目，給家長一些小提示，讓家長在跟孩子進行親子閱讀時，也能一起討論他們所選擇的結果啊！

尊敬師長

尊敬師長是一種美德。老師用心地教導我們，所以很值得我們尊敬。平時見到長輩或老師時，除了要主動問好外，還應該盡力幫忙他們做一些自己能力所及的事情，這樣才是尊敬師長的好學生。

在休息時間，糖糖豆和博士豆到户外遊戲區玩耍。他們看見茄子老師走過來。接下來，糖糖豆和博士豆該怎樣做才是正確的呢？

小朋友，請你閱讀以下選項，然後在右頁選出正確答案：

選擇 A

糖糖豆和博士豆立刻走上前，向茄子老師問好。

我的選擇是： 

選擇 B

糖糖豆和博士豆興高采烈地跑去玩大車，沒有理會茄子老師。

不要在課堂上講話

課室是老師教書、學生聽課的地方，所以上課時我們要遵守紀律。在課堂上隨便講話，不但會影響到班上同學的學習，而且也是很不禮貌的行為。

今天，在上課的時候，胖胖豆拍拍跳跳豆的肩膀，說很想跟跳跳豆分享一件開心的事情。接下來，跳跳豆該怎樣做才是正確的呢？

小朋友，請你閱讀以下選項，然後在右頁選出正確答案：

選擇 A

跳跳豆知道上課時要專心，所以向胖胖豆說：「我們現在要專心上課，下課後我們再談吧。」

我的選擇是： 

選擇 B

跳跳豆好奇地問胖胖豆：「什麼事？說來聽聽吧！」胖胖豆說：「我今天帶了美味的茶點啊……」

不要在課室裏追逐

下課的時候，有些小朋友喜歡留在課室裏玩遊戲，但是不要你追我逐，因為這是很危險的行為。課室裏有許多桌椅，一不小心就很容易造成意外。所以如果要留在課室裏玩遊戲，就要注意安全，又或是到遊戲室或户外遊戲區去玩。

下課後，火火豆拿着一個皮球，他想請跳跳豆在課室裏一起踢球。接下來，跳跳豆該怎樣做才是正確的呢？

小朋友，請你閱讀以下選項，然後在右頁選出正確答案：

選擇 A

跳跳豆對火火豆說：「好啊！我們一起玩！」說完，便和火火豆一起在課室裏踢球。

我的選擇是： 

選擇 B

跳跳豆對火火豆說：「在課室裏玩耍是很危險的！我們一起到户外遊戲區去踢球，好嗎？」

不可以隨便拿別人的東西

要借用別人的東西時，一定要先得到物主的同意；用完後，也應馬上交還給對方，並說聲「謝謝」。如果沒有告訴對方就拿走東西，是很沒禮貌的行為，也很容易被別人誤會是偷東西。

做圖工的時候，糖糖豆發現自己忘記帶蠟筆，她想向小紅豆借用蠟筆。接下來，糖糖豆該怎樣做才是正確的呢？

小朋友，請你閱讀以下選項，然後在右頁選出正確答案：

選擇 A

糖糖豆二話不說便拿走了小紅豆的蠟筆，小紅豆有點不高興呢！

我的選擇是： 

選擇 B

糖糖豆有禮貌地問小紅豆：「請問你可以把蠟筆借給我用嗎？」

快樂農場
長頸鹿
大冒險

與人和睦相處

小朋友要從小學習與人和睦相處。同學之間要互相愛護和合作。玩耍時，我們也要學懂禮讓，不可以搶玩具、搶故事書或是吵架，因為這樣做是不對的，而且沒有人會願意跟這樣的人做朋友啊！

在閱讀時間，哈哈豆在看圖書，他看得津津有味。跳跳豆也想看那本圖書！接下來，跳跳豆該怎樣做才是正確的呢？

小朋友，請你閱讀以下選項，然後在右頁選出正確答案：

選擇 A

跳跳豆對哈哈豆說：「給我看！」然後把哈哈豆手上的圖書搶過來。

我的選擇是： 

選擇 B

跳跳豆對哈哈豆說：「哈哈豆，我們可以一起看這本圖書嗎？」哈哈豆說：「可以啊！」

漂亮的花

愛護公物

愛護公物是一種美德，也是每個人的責任。大家都應該盡心愛護公物，讓每一個人都能使用。學校裏的玩具、桌椅、書籍等都是公物，小朋友應該好好愛惜。

糖糖豆和皮皮豆在圖書角看書。糖糖豆看見圖書上有一幅漂亮的圖畫，她很喜歡那幅圖畫。皮皮豆説：「糖糖豆，不如你把圖畫撕下來帶回家吧！」接下來，糖糖豆該怎樣做才是正確的呢？

小朋友，請你閱讀以下選項，然後在右頁選出正確答案：

選擇 A

糖糖豆對皮皮豆說：「這本圖書是屬於大家的，如果我把圖畫撕下來，別人便看不到了！」

我的選擇是： 

選擇 B

糖糖豆看着手中的圖書，心想：「皮皮豆説得對，我就把這張漂亮的圖畫帶回家！」説着就把圖畫撕下來。

做錯了事，要坦白認錯

每個人都會做錯事，但是在犯錯後，一定要勇於承認，絕對不能因為害怕受到處罰、責罵而説謊話。説謊話的孩子，是得不到別人信任的。

在分組遊戲時，跳跳豆和博士豆一起玩玩具車。「嗖！嗖」玩具車在桌子上飛馳。跳跳豆一不小心，弄壞了玩具車的輪子。跳跳豆很慌張。接下來，跳跳豆該怎樣做才是正確的呢？

小朋友，請你閱讀以下選項，然後在右頁選出正確答案：

選擇 A

跳跳豆拿着玩具車，走到茄子老師面前，說:「茄子老師，對不起，我不小心弄壞了玩具車……」

我的選擇是： 

選擇 B

跳跳豆害怕被老師責罵，便投訴說：「博士豆的玩具車撞向我的玩具車，輪子飛脫出來了！」

親子說一說

小朋友，看完這本書，你可以看看自己選得對不對。 如果你選了7個 😀 ，你就是一個好學生了。

情境	選擇A	選擇B	小提示
尊敬師長	😀	🙁	當我們遇見長輩或師長時，不要視而不見。有些小朋友更可能因為膽怯而躲避，是很沒禮貌的表現。保持微笑對別人説聲好，才是好孩子啊！
不要在課堂上講話	😀	🙁	老師在課堂用心講解，我們要專心聆聽。隨便説話或故意搗蛋，都會影響自己和別人學習。説不定你會錯過了老師説的有趣知識呢！
不要在課室裏追逐	🙁	😀	課室裏有桌椅、櫃子等，不是一個適合小朋友嬉戲的地方。如在課室裏玩劇烈遊戲，很容易會發生危險。

情境	選擇A	選擇B	小提示
不可以隨便拿別人的東西			如果要問別人借東西，要先得到對方的同意，這是基本的禮貌，並且要讓對方知道，否則對方會以為自己的東西不見了呢！
與人和睦相處			有時候，我們會以為跟自己很要好的朋友會不介意，而隨意搶走對方的東西。但是這樣是會傷害到別人，也很容易造成爭吵。朋友間要互相尊重和愛護。
愛護公物			我們要好好愛惜自己的物品，而一些屬於大家的公物，就更加要好好愛惜，別以為不是自己的東西便可以隨便損毀，這是十分自私的行為。
做錯了事，要坦白認錯			每個人都會犯錯的，道歉並好好改過，才是好孩子。別因為害怕便說謊話，當你說了一個謊，便很容易會用另一個謊，再另一個謊去蓋過，這樣你就無法獲得別人信任。

爸爸媽媽要培養孩子成為好學生，不只是學業成績方面。孩子的品行態度同樣重要。品德教育是隱藏在分數背後的教育。包括良好生活習慣的養成、敬業的態度和待人接物的禮儀。而這些教育要從家庭做起，為孩子走進學校以至社會羣體作預備。例如：

- 能在家中尊重長輩的孩子，也能學會尊敬老師。
- 在家中定立一些規矩，讓孩子可以從日常生活中遵守，例如：收拾、定時做功課、自己安排時間遊戲等，讓孩子習慣有規律、有時間表的生活。這有助於孩子在學校裏學懂遵守規則，尤其是最初入學的階段。
- 不要讓孩子在家中習慣隨意拿別人的東西，要讓孩子明白即使是爸爸媽媽、兄弟姊妹的物品，也一定要問問對方，才可以拿走。
- 讓孩子知道他在跟別人相處時，什麼是最好的選擇。例如：面對他人的不分享，孩子除了搶之外，其實還有輪流、交換等方法。引導孩子思考如何選擇，最後對自己的行為負責，成為一個能承擔責任的人。

我的好行為

小朋友，你是一個好學生嗎？看看下面各項，你是否都已經做得到？請你在適當的空格內加 ✓。

項目	我做得到	我有時做到	我未做到
尊敬師長			
站立或坐下時保持背部挺直			
不會在課堂上講話			
不會在課室裏追逐			
撿到不屬於自己的東西，不會佔為己有			
不會隨便拿別人的東西			
與人和睦相處			
不會獨佔公物			
愛護公物			
開玩笑時不會太過分			
不會以大欺小			
不會和同學打架			
不會在背後說人壞話			

小跳豆 Jumping Bean 故事系列（共8輯）

讓豆豆好友團陪伴孩子快樂成長！

提升自理能力，學習控制和管理情緒！

幼兒自理故事系列（一套6冊）

《我會早睡早起》
《我會自己刷牙》
《我會自己上廁所》
《我會自己吃飯》
《我會自己收拾玩具》
《我會自己做功課》

幼兒情緒故事系列（一套6冊）

《我很生氣》
《我很害怕》
《我很難過》
《我很妒忌》
《我不放棄》
《我太興奮》

培養良好的品德，學習待人處事的正確禮儀！

幼兒德育故事系列（一套6冊）

《我不發脾氣》
《我不浪費》
《我不驕傲》
《我不爭吵》
《我會誠實》
《我會關心別人》

幼兒禮貌故事系列（一套6冊）

《在學校要有禮》
《吃飯時要有禮》
《客人來了要有禮》
《乘車時要有禮》
《在公園要有禮》
《在圖書館要有禮》

建立良好的心理素質，提高幼兒的安全意識！

幼兒生活體驗故事系列（一套 6 冊）

《上學的第一天》
《添了小妹妹》
《我愛交朋友》
《我不偏食》
《我去看醫生》
《我迷路了》

幼兒生活安全故事系列（一套 6 冊）

《我小心玩水》
《我不亂放玩具》
《我小心過馬路》
《我不亂進廚房》
《我不爬窗》
《我不玩自動門》

培養孩子良好的習慣和行為，成為守規矩和負責任的孩子！

幼兒好習慣情境故事系列（一套 6 冊）

《公德心》
《公眾場所》
《社交禮儀》
《清潔衛生》
《生活自理》
《與人相處》

幼兒好行為情境故事系列（一套 6 冊）

《我要做個好孩子》
《我要做個好學生》
《我要做個好公民》
《我要注意安全》
《我要有禮貌》
《我要有同理心》

小跳豆幼兒好行為情境故事系列

我要做個好學生

作者：楊幼欣

改編：新雅編輯室

繪圖：張思婷

責任編輯：趙慧雅

美術設計：劉麗萍

出版：新雅文化事業有限公司

香港英皇道499號北角工業大廈18樓

電話：(852) 2138 7998

傳真：(852) 2597 4003

網址：http://www.sunya.com.hk

電郵：marketing@sunya.com.hk

發行：香港聯合書刊物流有限公司

香港荃灣德士古道220-248號荃灣工業中心16樓

電話：(852) 2150 2100

傳真：(852) 2407 3062

電郵：info@suplogistics.com.hk

印刷：中華商務彩色印刷有限公司

香港新界大埔汀麗路36號

版次：二〇二二年七月初版

二〇二三年十二月第二次印刷

ISBN: 978-962-08-8022-3

18/F, North Point Industrial Building, 499 King's Road, Hong Kong

Published in Hong Kong SAR, China

Printed in China